A

A

A

A

B

B

B

B

C

C

C

C

D

D

D

D

D

E

E

E

E

E

E

F

F

F

F

F

G

G

G

G

H

H

H

H

H

J

J

J

J

J

J

K

K

K

K

K

K

L

L

L

M

M

M

M

M

M

N

N

N

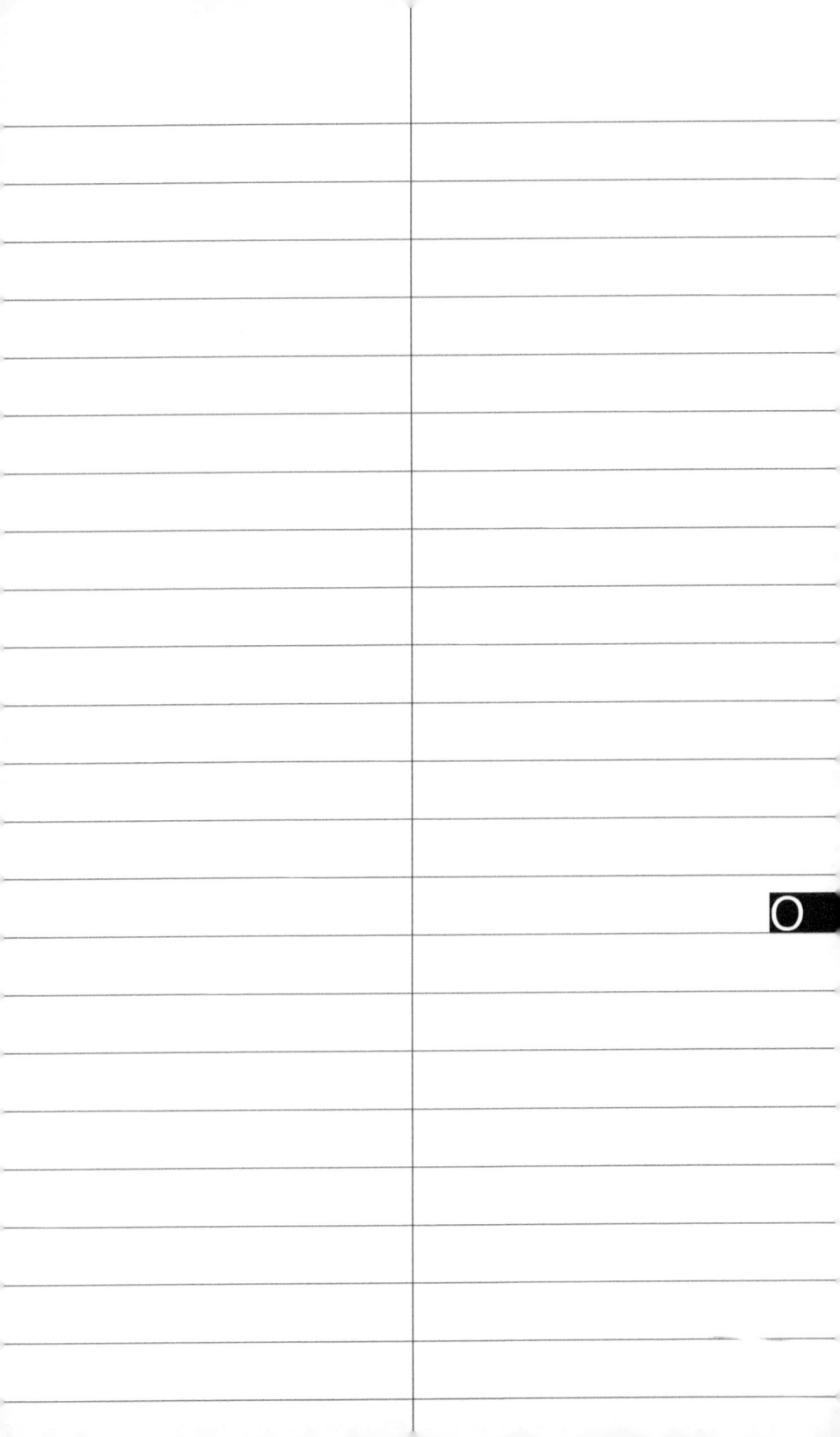

O

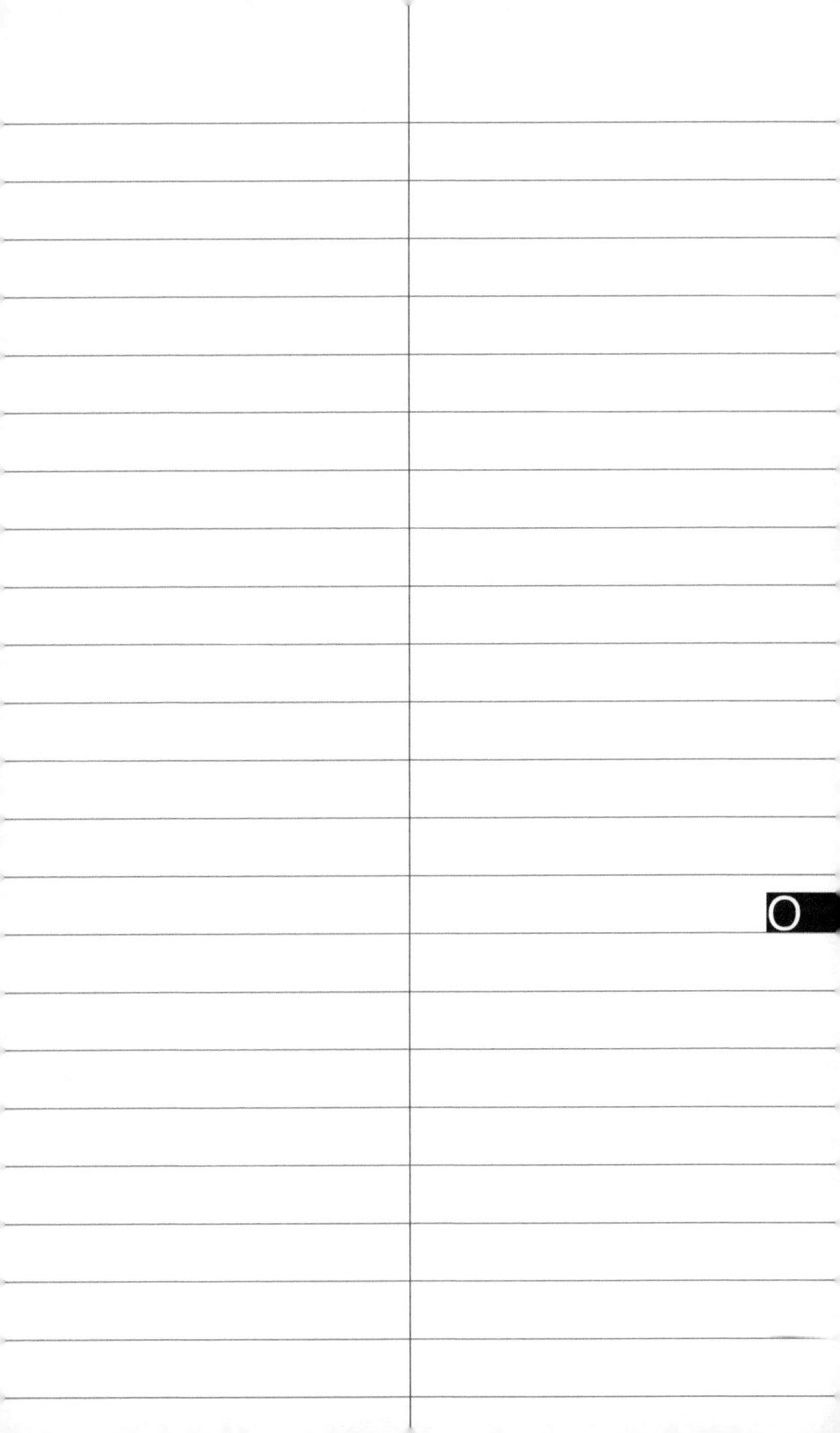

P

P

P

P

P

P

Q

Q

Q

Q

Q

R

R

R

R

R

S

S

S

S

S

S

T

T

T

U

U

U

U

U

VW

VW

VW

VW

XYZ

XYZ

www.ingramcontent.com/pod-product-compliance
Lightning Source LLC
Chambersburg PA
CBHW020320290526
45785CB00007B/2858